Jan Hauke Hahn

Schwierige Themen ansprechen

in psychosozialen Berufen

2023

Über den Autor

Jan Hauke Hahn (M.A.), Jahrgang 1985, studierte Pädagogik, Europäische Ethnologie, Neuere Deutsche Literatur & Medien und Skandinavistik in Kiel und in Göteborg.

Er arbeitet in den Bereichen Jugendhilfe, Schule und in der Ausstiegs- und Distanzierungsbegleitung. Zudem ist er freiberuflich als systemischer Berater und Supervisor tätig.

info@janhaukehahn.de   *www.janhaukehahn.de*

Jan Hauke Hahn

Schwierige Themen ansprechen
in psychosozialen Berufen

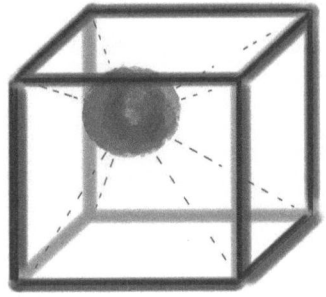

Schwierige Themen ansprechen richtet sich an alle, die im Kontext sozialer Berufe über schwierige und schambehaftete Themen mit Klient*innen sprechen.

In kurzen Kapiteln bietet es einen Überblick zu Haltung sowie schnell umsetzbare Tools für die praktische Arbeit, abgerundet durch Beispiele aus der Praxis.

© 2023, Jan Hauke Hahn
Herstellung und Verlag:
BoD – Books on Demand, Norderstedt
ISBN: 9783743192720

Inhaltsverzeichnis

1   Einleitung   (9)

Teil I: HALTUNG

2   Haltung   (12)

2.1   Gut ist das Gegenteil von gut gemeint – Dialektik des Helfens   (13)

2.2   Woher willst Du wissen, was gut für mich ist?! - Expert*innen für das eigene Leben   (15)

2.3   Das Gute unterstellen – Gute Gründe   (17)

2.4   Wie lange kennen wir uns? - Beziehung als Zugang   (19)

2.5   Ich will nicht darüber reden! - Konstruktiv umgehen mit Scham   (23)

Teil II: METHODEN

3   Methoden   (30)

3.1   Der Raum der Würde – Haltung? Methode? Oder beides?   (30)

3.2   Was man hat, das hat man... - Das Thema in den Raum bringen   (33)

3.3   Worum geht es hier wirklich? - Den Fokus ändern   (34)

3.4   Komm mal runter! - Gewaltfrei kommunizieren   (36)

3.5   Noch mehr Öl ins Feuer? - Deeskalation   (40)

3.6   Über drei Ecken... - Triadisches Contracting   (43)

3.7   Das Beste kommt zum Schluss – Horror-Holiday-Methode   (44)

4   Abschluss (47)

5	In aller Kürze - Short cuts für das Ansprechen schwieriger Themen	(48)
6	Quellen	(50)

1 Einleitung

Nach langer Zeit in der Arbeit mit Menschen mit Behinderung, in der Kinder- und Jugendhilfe und in der Ausstiegsberatung für Menschen, die sich aus rechten Kontexten lösen wollen, machte ich ganz unterschiedliche Erfahrungen, schwierige oder schambehaftete Themen anzusprechen und vor allem auch eine persönliche Entwicklung durch. Gerade im Zusammenhang mit Auflagen vom Jugendamt, Zwangskontexten oder einem grundsätzlichen Misstrauen einiger Eltern gegenüber der Institution Jugendhilfe bekommen Gespräche mit Klient*innen oft einen herausfordenden „Drive".

Oft spielen im Kontext schwieriger Themen Scham und Schuld eine Rolle. Natürlich liegt es nicht im Interesse einer professionellen Fachkraft Klient*innen zu beschämen oder beschuldigen, es wird jedoch häufig von Adressat*innen als solche Empfunden, wenn diese mit ihren eigenen Herausforderungen und bisherigen Lösungen – die oft noch immer als Defizite und Probleme bezeichnet werden – in Kontakt gehen müssen oder konfrontiert werden.

Schwierige Themen anzusprechen ist für viele Menschen eine Herausforderung. Ob im zwischenmenschlichen Alltag in unserer Beziehung zu Freund*innen, Familienmitgliedern, Arbeitskolleg*innen oder in professionellen Kontext als Pädagog*innen, Berater*innen, Lehrkräften. Einigen scheint es leichter zu fallen, anderen fällt es schwerer. Wieder andere versuchen sogar derartige Situationen zu vermeiden.

Unangenehme Dinge ansprechen zu müssen kann auf ganz unterschiedlichen Ebenen in ebenso unterschiedlichen Kontexten zu allen möglichen Themen stattfinden. In nahezu allen Bereichen unseres Lebens kann es Grund dazu geben, Feedback und Kritik an unsere Mitmenschen und Kolleg*innen zu adressieren.

Im Rahmen dieses Buches geht es um professionelle Kontexte überwiegend in sozialen Berufen, d.h. Beziehungen zwischen professionellen Helfer*innen und Berater*innen auf der einen Seite und Klient*innen oder Kund*innen auf der anderen Seite, kurzum: Menschen, die innerhalb beruflich-professioneller Rahmen andere Menschen betreuen. Die vorgestellten Methoden können natürlich auch auf informeller, zwischenmenschlicher Ebene hilfreich sein.

Neben unterschiedlichen *Methoden* werden sowohl die unterschiedlichen *Herausforderungen* einer Thematisierung schwieriger Themen beleuchtet als auch über das Thema *Haltung* gesprochen.

Sowohl die Themen Haltung als auch die Handlungsvorschläge im Methodenteil können ein riesiger Themenkomplex werden. Keineswegs erhebe ich einen Anspruch auf Vollständigkeit beider Bereiche. Dazu gibt es noch massenweise spannende Literatur zu Ansätzen, Grundhaltungen, Methodenkoffern und so weiter. Die in diesem Buch vorgestellten Konzepte stellen vielmehr meine Art zu arbeiten dar. Sie zeigt Haltungen, die ich persönlich vertreten kann – sie stellt Methoden vor, die ich als hilfreich in meiner Erfahrung in Beratungskontexten kennengelernt habe. Das Rad habe ich nicht neu erfunden. Ich schneide mir dort, wo ich es passend erlebe, wo mich etwas inspiriert oder wo ich starke persönliche Überzeugung spüre, eine Scheibe ab.

Ich würde mich freuen, wenn auch für Dich etwas dabei ist und Du ebenso inspiriert nach der Lektüre hinausgehst und sagst: Das kann ich gebrauchen, das wiederum ist nicht meines.

Viel Spaß beim Lesen!

Jan Hauke

P.S.: Ich schätze den Austausch und andere Perspektiven sehr. Wenn Du ein Feedback geben möchtest, nehme gerne Kontakt zu mir auf.

       ww.janhaukehahn.de   info@janhaukehahn.de

Teil I: HALTUNG

2. Haltung

Das Thema Haltung wird oft sehr stiefmütterlich behandelt. Dabei bedeutet Haltung die Grundlage unseres authentischen Handelns. Die besten Methoden helfen nicht, wenn wir nicht in bereits in unserer Grundhaltung diesen entsprechen. Ich erinnere mich an Veranstaltungen von Referent*innen, in welcher Haltung und Handlung inkongruent zueinander waren – sie passten irgendwie nicht zusammen. So erinnere ich mich an einen Dozenten zum Thema Beratung, der seine Beratungsnehmenden jedoch kaum zu Wort kommen ließ und auf mich wirkte, als höre er sich selbst am liebsten reden. Hier passten die theoretisch vermittelte Inhalte und Werte nicht zu dem methodisch Vorgelebten.

Dieses Kapitel zum Thema Haltung soll als Anreiz dienen, sich immer wieder in Hinblick darauf zu Reflektieren und soll Impulse dazu geben, welche Haltung gegenüber Klient*innen nicht nur hilfreich sein kann, sondern auch grundlegend notwendig ist.

Dabei geht nicht darum zu sagen, was richtig oder falsch ist. Haltung beginnt bei mir selbst. Nur wenn das durch mich Vorgelebte in den Beratungen mir und meiner persönlichen Haltung entspricht, entsteht ein homogenes Bild, ein kongruentes Verhältnis beider Seiten. Ich kann nicht weinen und gleichzeitig sagen: „Mir geht es blendend!". Authentizität wird für unsere Beratungsnehmenden unmittelbar spürbar. Sie merken, wenn etwas nicht stimmig ist. Gerade Kinder oder Jugendliche haben ganz feine Antennen für die Wahrnehmung in diese Richtung.

Über dem Thema Haltung stehen demnach immer die Fragen an mich selbst: Passt das zu mir? Kann ich mich damit identifizieren? Liegt mir diese Methode oder Haltung? Fühle ich mich damit wohl? Kann ich es vertreten und spüre keinen innerlichen Widerstand?

2.1 „Gut" ist das Gegenteil von „gut gemeint" - Dialektik des Helfens

Ein häufiger Grund schwierige Themen zu vermeiden liegt in unserem Harmoniebedürfnis. Uns ist die gute Stimmung wichtig. Wir wollen es vermeiden, jemanden zu verletzen, persönliche Grenzen zu überschreiten oder jemanden in Verlegenheit zu bringen. Niemand möchte sich schuldig oder verantwortlich dafür fühlen, auf der anderen Seite negative Gefühle hervorgerufen zu haben. Insofern ist die Motivation für Harmonie sorgen zu wollen sehr löblich und wirkt zunächst wie eine edle Eigenschaft. Aber wie heißt es umgangssprachlich: Gut gemeint ist das Gegenteil von gut.

Durch Vorsicht und Rücksichtnahme können wir nämlich genau das Gegenteil dessen auslösen, was einer Person hilfreich ist.

Auf rein logischer Ebene betrachtet tragen wir also nicht nur zur gegenteiligen Folge unserer eigentlichen Intention – des Helfens - bei, sondern verstoßen sogar gegen unsere ganz persönlichen moralischen Grundsätze. Indem wir helfen wollen, aber die schwierigen Themen vermeiden, verwehren wir unserem Gegenüber wichtige Informationen. So gesehen sind wir dann nicht ganz ehrlich und nutzen unseren Informationsvorsprung zum Nachteil unseres Gegenübers aus.

Wechseln wir einmal die Perspektive und schlüpfen in die Rolle auf der gegenüberliegenden Seite. Die im folgenden gewählte Dramatik in den Worten unterstreicht dabei die Gegensätzlichkeit von Rücksichtnahme und Verhinderung von Entwicklungsmöglichkeiten.

Aus der Perspektive unseres Gegenübers gesprochen:

- Du verschweigst mir etwas, was wichtig für mich sein könnte.

- Du maßt Dir an für mich zu entscheiden, dass mein gegenwärtiger Zustand wichtiger ist, als ein möglicher veränderbarer Zustand.

- Du verhinderst meine mögliche positive Entwicklung.

- Du verlagerst das Machtverhältnis zwischen uns zu Deinen Gunsten.

- Du urteilst darüber, was hilfreich für mich ist und übergehst mich dabei.
- Du triffst eine Entscheidung für mich und missachtest meine persönliche Autonomie.
- Usw.

Wenn wir uns in unser Gegenüber hineinversetzen, könnte es demnach ganz schön dunkel für uns aussehen. Unsere gut gemeinte Strategie der Vermeidung, der Rücksichtnahme, des Nicht-Verletzen-Wollens und der positiv intendierten Behutsamkeit führt dann genau zum Gegenteil dessen, was wir beabsichtigen und könnte uns überdies sogar negativ angelastet werden. Wir laufen dadurch Gefahr übergriffig zu werden, indem wir uns über Klient*innen hinwegsetzen und sie nicht als *Expert*innen für ihr eigenes Leben* akzeptieren. Dann wäre unsere Haltung anmaßend. Wir maßen uns an besser zu wissen, was für einen anderen Menschen besser ist, als die Person selbst.

Vielleicht kennen wir diese Haltung bereits auch gegenüber uns selbst aus unserer eigenen Kindheit. Unsere Eltern blickten vielleicht einmal mit Sorge auf uns, sprachen uns an und hatten schnell eine Idee davon, was besser für ihr Kind ist. Je mündiger der Mensch jedoch wird – und spätestens mit der Pubertät – sind wir immer weniger bereit diese Anweisungen von außen anzunehmen. Wir wollen selbst Wege finden, wollen uns selbst auf die Suche begeben, es selbst schaffen. Aber sind wir mal ehrlich – welche Dinge, die unsere Eltern für uns besser wussten haben wir bereitwillig umgesetzt?

Es kommt also auf die Art und Weise an, wie schwierige Themen angesprochen werden müssen.

Eine direktive Ansage ist in den seltensten Fällen erfolgreich und wird vermutlich nicht akzeptiert. Einer Mitteilung von Sorge um jemanden ist hingegen kaum etwas entgegenzusetzen.

Der große Unterschied liegt in der Art der Beziehung, die wir markieren, wenn wir miteinander reden. Geben wir eine direktive Anweisung (*top down*), dann unterstreichen wir ein Verhältnis zwischen Vorgesetztem und Untergebenem. In diesem Verhältnis ist eine gute Beziehung, von Wertschätzung und Augenhöhe geprägt, eher unwahrscheinlich und rein auf die Funktionen ihrer jeweiligen

Rolle begrenzt. Auch wenn wir „gut meinen", sprechen wir dann von oben herab. Die untergebene Person spürt dabei vermutlich nicht unser authentisches Interesse an ihr und ist weniger bereit, unseren Vorschlag anzunehmen.

Ist unser Verhältnis hingegen von Wertschätzung auf Augenhöhe und Authentizität unserer Person geprägt, dann gehen wir *in Beziehung*, wir gehen *in Kontakt*. Dabei spielen wir demnach keine Rolle außerhalb der beratungsnehmenden Person, sondern wir gehen in den Austausch. Wir geben keine Ratschläge, wir wollen wissen, verstehen und haben ein Interesse an unserem Gegenüber.

Unter dieser Grundvoraussetzung ist auch das Mitteilen von Sorge möglich und befähigt das kleine System aus Berater*in und Beratungsnehmenden konstruktiv über das schwierige Thema zu sprechen.

Das negativ Empfundene hat die Möglichkeit in einem Raum der Konstruktivität vorübergehend Platz zu nehmen und Gehör zu finden.

In diesem konstruktiven Raum ist Veränderung möglich und vor allem viel wahrscheinlicher. Das „Gut gemeint" kommt im einem Rahmen von authentisch mitgeteilter Sorge demnach viel deutlicher an bei den Menschen, mit denen wir arbeiten.

2.2 „Woher willst Du wissen, was gut für mich ist!?" - Expert*innen für das eigene Leben

Im vorherigen Kapitel wurde deutlich, was passieren kann, wenn Rücksichtnahme zur Verhinderung von Veränderungsmöglichkeiten führt. Natürlich wollen wir in unseren Rollen als Freund*innen, Kolleg*innen, Vorgesetzte, Sozialarbeiter*nnen, Pädagog*nnen, Helfer*nnen nicht das Gegenteil von „Gut" hervorrufen. Vielmehr liegt es uns am Herzen sowie in der Natur unserer Professionen, Entwicklungen und Veränderungen unserer Kund*innen und Klient*innen zu fördern.

Die meisten Menschen kennen es aus der eigenen Kindheit. Spätestens in der Pubertät wurde uns klar – das, was unsere Eltern für richtig für uns halten, findet bei uns keinen positiven Anklang. *„Du verstehst mich nicht!", „Woher willst Du wissen, wie´s mir geht?", „Woher willst Du wissen, was gut für mich ist?"*, klingen idealtypische Sätze aus dieser Lebensphase die Eltern häufiger zu Ohren kommen mögen.

Die Pubertät mag dabei ein dramatisches Beispiel sein. Dennoch zeichnet sie ein klares Bild vom Menschen und seinen Bedürfnissen, sobald Menschen ins Spiel kommen, die glauben es besser zu meinen.

„Woher willst Du wissen, was gut für mich ist? Du kennst mich doch gar nicht." So einfach dieser Satz auch klingen mag, steckt doch viel darin und es trifft den Nagel auf den Kopf.

Auf von außen zugetragenen Lösungen reagieren wir in der Regel mit Abwehr. Wir wollen selbst zum Ziel kommen, es soll unsere eigene Errungenschaft sein, wenn wir etwas schaffen wollen. Das Gefühl von Selbstwirksamkeit stellt sich nicht ein, wenn wir Sätze wie *„Siehst Du, ich habe Dir ja gesagt, es funktioniert wenn Du es so machst."* im Hinterkopf haben.

Diese Selbstwirksamkeit ist uns so wichtig, dass wir sogar bereit sind Fehler in Kauf zu nehmen und etwas „falsch" zu machen. Wir wollen eigene Erfahrungen machen – bestenfalls läuft alles nach Plan, schlimmstenfalls geht es voll nach hinten los.

Wir sind also am ehesten bereit Lösungen anzunehmen, die wir selbst entwickelt haben und nicht vorgesetzt bekommen. Wir wissen selbst, was am besten für uns ist und was wir gebrauchen können. Natürlich gibt es Kontexte, in welchen man von außen betrachtet mit Klarheit sagen würde *„Das ist nicht gesund.", „Das ist gefährlich.", „Du gefährdest Dich und andere."* In Kontexten von Kindeswohlgefährdung, selbstverletzendem Verhalten, Drogenmissbrauch, usw. liegt die nicht erkannte Gefahr doch auf der Hand. Doch auch hier gilt oben genanntes. Meist wissen die betroffenen Menschen ganz genau, was ihnen gut tut oder nicht. Ihnen ist jedoch der eigene Weg noch nicht zugänglich, bzw. sie haben noch keine alternativen Lösungen und Handlungsalternativen gefunden oder der gewohnte Umgang ist so tief eingeschliffen und in Gewohnheiten integriert, so tief verwurzelt, dass eine Veränderung sie vor sehr große Herausforderungen stellt. Dass in den oben genannten Kontexten Sicherheitskonzepte greifen müssen, die einen Personenschaden oder eine Kindeswohlgefährdung verhindern, ist dabei nicht diskutabel und sogar unbedingt notwendig.

Positiv formuliert könnte man sagen: Die Menschen haben eine Lösung für sich gefunden, um einen persönlichen Umgang mit einer Sache zu gewährleisten. Für sie stellt dies in diesem Augenblick die naheliegendste Lösung dar. Vermutlich tragen sie aber auch weitere Lösungen in sich, die ihnen momentan nur schwer oder gar nicht zugänglich sind. Diese können jedoch – unterstützt durch Beratung – hervorgeholt werden, indem Klient*innen/Kund*innen dabei unterstützt werden, durch die Förderung der persönlichen Ressourcen eigene Lösungswege zu finden.

Einer systemisch-konstruktivistischen Grundhaltung entspricht es, Klient*innen und Kund*innen als Expert*innen für ihr eigenes Leben zu begreifen.

Veränderungspotentiale entfalten sich am besten, wenn Menschen Lösungen aus sich heraus entwickeln. Ihre eigene Lösung ist die naheliegendste und entspricht am ehesten ihrer eigenen Lebenswelt. Dies anzuerkennen ist eine wichtige Grundhaltungen Klient*innen gegenüber.

2.3 Das Gute unterstellen – Gute Gründe

Im Dialog zwischen Faust und Mephisto wird Mephisto von Faust gefragt, wer er denn sei und antwortet: „(Ich bin) ein Teil von jener Kraft, die stets das Böse will und stets das Gute schafft." Diese dialektische Denkweise Goethes lässt sich natürlich auch umdrehen: Man will im Grunde etwas Gutes, bewirkt auf Handlungsebene jedoch das Gegenteil. Damit wäre klar, dass trotz aller Folgen die Grundmotivation des Handelns positiv ist.

Lassen wir uns mal die folgenden Aussagen auf der Zunge zergehen:

Wie kann man nur so etwas tun?

Der will mich wohl verarschen?!

Was für ein Mensch tut so etwas?

Eine gute Mutter tut so etwas nicht?

Das ist einfach nur schlimm!

Was haben alle diese Aussagen gemeinsam? Sie beinhalten allesamt unsere subjektiven und vor allem negativen Zuschreibungen und Bewertungen für das Verhalten oder Äußerungen anderer Personen.

Wir sind es gewohnt und sehr schnell darin, Bewertungen in Bezug auf andere abzugeben. Dies hat unterschiedliche Funktionen und gute Gründe: Wir grenzen das schlechte Andere gegen das gute Eigene ab und markieren so beispielsweise moralische Grenzen; Wir geben Einschätzungen ab, die uns und anderen zur Orientierung und ggf. zum Schutze dienen; Wir erhöhen uns selbst; Wir rückversichern uns vor uns selbst das Richtige zu tun, usw. - All das sind unsere guten Gründe. Dagegen gibt es kaum etwas einzuwenden. Für die meisten Menschen ergibt es Sinn und ist inhaltlich nachvollziehbar.

Die sogenannten *guten Gründe* liegen jedoch nicht nur bei uns selbst, es gibt sie ebenso bei anderen. Wenn wir bereit sind, sie auch anderen zu unterstellen, weiten wir wieder unseren Blick und lassen mehrere Gründe zu. Wir beginnen uns zu fragen, was der gute Grund für dieses Verhalten ist, wir beginnen *Hypothesen* zu bilden, wozu das Verhalten der anderen hilfreich oder nützlich ist. Wozu macht der/die es so, wie er/sie es macht? Wozu ist es gut? Was nutzt es diesem Menschen?

Wenn wir vom Modus des (Ver)Urteilens in den Modus des Fragens wechseln, sind wir neugierig. Nicht im negativen Sinne, sondern im naiven Sinne. Wir versuchen dann zu verstehen und verlassen die Haltung des anmaßenden bereits-vorher-Wissens. Wir kennen die Gründe der Menschen nicht und können nicht in Köpfe schauen.

Einen kleinen Schritt weiter sind wir mit der Zuschreibung, *"eigentlich meint sie/er es gut, kann aber nicht anders."* Auch dies ist ein häufig gehörter Satz. Zwar sind wir damit noch nicht ganz über die hohe Messlatte der Unterstellung guter Gründe drüber, haben es aber fast geschafft. Noch immer können wir nicht in die Köpfe der Menschen schauen – wir können jedoch Hypothesen über ihr Verhalten und ihre Gründe bilden.

Hypothesen zu bilden kann uns dabei helfen Verhalten zu verstehen und Annahmen zu bilden, wozu gezeigtes Verhalten den Klient*innen hilfreich ist. Wir unterstellen ihnen gute Gründe für ihr Verhalten.

In meiner Arbeit in der Ausstiegsbegleitung – in welcher Menschen den Weg aus der rechten Szene zurück in ein normales Leben suchen – war eine der größten Herausforderungen das Unterstellen guter Gründe für das, was die Menschen in ihrer Vergangenheit getan hatten. Selbstverständlich konnte ich weder Gewalttaten noch andere Straftaten oder Verletzungen Dritter gutheißen und war in diesem Punkt kritisch[1]. In der Regel ist aber genau dies ein sehr großes schambehaftetes Thema für die Klient*innen selbst. Es ist ihnen im hohen Maße peinlich, was sie getan haben, sie schämen sich dafür, was sie getan haben und fühlen sich oft hilflos, wenn es darum geht, wie sie mit der empfundenen Schuld umgehen sollen.

In diesem Kontext war es hilfreich Hypothesen zu bilden und gute Gründe für das jeweilige Handeln zu unterstellen. Eine Person ist nie nur zu begrenzen auf ihr Handeln in einem Moment. Die Erweiterung des Bezugsrahmens diente als Möglichkeit die vorhandenen Muster zu erklären und zu hinterfragen. Auf diese Weise konnten sie auch verändert werden.

2.4 Wie lange kennen wir uns? - Beziehung als Zugang

Betrachten wir die oben die unter *Haltung* genannten Punkte noch einmal. Unter Haltung verstehe ich keine situativ angewendeten Grundsätze, die in Methoden überführt zum Erfolg führen. Vielmehr fasse ich es als persönlichen in allem Handeln zugrunde liegenden Werte-Kompass auf, der ein bestimmtes Menschenbild beinhaltet.

---

[1] Mehr dazu im Kapitel „Mit Nazis rede ich nicht!" - Arbeiten mit Menschen aus rechten Strukturen aus meinem Buch: Systemische Beratung in der Ausstiegs- und Distanzierungsberatung, 2020, Norderstedt.

Diese Haltung beinhaltet:

- Jeder Mensch konstruiert eine eigene Realität und hat eine individuelle Vorstellung der Wirklichkeit. Im Rahmen dieser Wirklichkeit ist dieser Mensch **Experte für das eigene Leben**.
- Die Anerkennung **persönlicher Ressourcen** jedes Menschen.
- Die Anerkennung bislang erbrachter Leistungen und **Wertschätzung** für diese.
- **Jeder Mensch hat gute Gründe** für sein Handeln und handelt in jeder Situation vorerst sinnvoll.

Diese Werte spielen fortwährend eine Rolle und werden nicht situativ „angezapft".

Wird eine Beziehung zwischen Helfer*in und Klient*in auf dieser Wertegrundlage von Beginn an gestaltet, kann sich eine Beziehung entwickeln, die eine Tragfähigkeit bietet, um schwierige Themen zu besprechen und Kritik mitteilen zu können.

Die Ausgestaltung einer Beziehung auf Grundlage von Anerkennung und Wertschätzung ist demnach sehr wichtig und öffnet dem konstruktiven Umgang mit Herausforderungen Tür und Tor.

Im Verlauf von Beziehungen durchläuft man unterschiedliche Phasen, man erlebt diverse Dinge zusammen und entwickelt nach einiger Zeit ein Gefühl dafür, wie die andere Person reagieren könnte. Ein gewisse Zuverlässigkeit des zu erwartenden Handelns des Gegenübers stellt sich somit ein. Reaktionen sind absehbar, vielleicht stellt sich sogar eine Gewissheit ein. Bestenfalls wissen beiden Seiten, wie sie vermutlich gegenseitig aufeinander reagieren. Kurzum – wir vertrauen einander. Auch in schwierigen Situationen wissen wir um die Loyalität des Anderen, können aufeinander zählen.

Die oben beschriebene Situation gilt nicht nur für Freundschaften oder Partnerschaften. Auch in professionell ausgestalteten Beziehungen spielen Vertrauen und Zuverlässigkeit eine wichtige Rolle. Wir sind vielmehr in der Lage bei unseren Klient*innen auch schwierige Themen anzusprechen, wenn wir in der Lage sind, Vertrauen herzustellen und Klient*innen wissen, „wie sie uns nehmen müssen."

Haim Omer spricht in seinem Konzept der *Neuen Autorität* von *Autorität durch Beziehung*[2]. In seinem Buch geht es um den gewaltlosen Widerstand in der Erziehung, insbesondere darum elterliche Präsenz (wieder-)herzustellen in konfliktbehafteten Verhältnissen zwischen Eltern und Kindern. Er vertritt die These, das Stärke durch *Präsenz* (Interesse, Zuverlässigkeit, Kontinuität, kritische Zugewandheit) bestimmt wird und nicht durch Macht im Sinne von unterschiedlichen Kräfteverhältnissen und von oben nach unten wirkend.

Elemente der Neuen Autorität

Wachsame Sorge/Präsenz bestehen aus:

- Transparenz/Öffentlichkeit

- Unterstützung/Netzwerke

- Protest/Gegenüber/Widerstand

- Gesten der Beziehung/Versöhnung/Wiedergutmachung

- Haltung/Entscheidung/Werte

- Selbstkontrolle/Deeskalation

Daraus ergeben sich bei Omer eine Reihe von Interventionen und Methoden (Auswahl):

- Ankündigung (Öffentlichkeit, Unterstützung)

- Sit-In (gewaltloser Widerstand, Protest)

- Prinzip des Aufschubs (Selbstkontrolle, Deeskalation) - „Schmiede das Eisen, wenn es kalt ist."

- Versöhnungsangebote (Beziehungsgesten)

---
2   Omer, 2016

- 3+1-Körbe-Methode (Deeskalation)

- Telefonrunde (Netzwerke, Unterstützung)

Die oben genannten beziehen sich auf die Arbeit mit Kindern und Jugendlichen und entspringen einen spezifischen sozialpädagogischen Wirkungsbereich. In abgewandelter Form kann man die Interventionen sicherlich auch für Settings mit Erwachsenen nutzbar machen, was an dieser Stelle jedoch den Rahmen sprengen würde.

Für die Arbeit mit Erwachsenen ist das Prinzip des Aufschubs hilfreich. Das bedeutet nicht, dass wir aus Gründen der Vermeidung ein Thema aufschieben, sondern vielmehr ein planvolles Vorgehen, wenn wir bemerken unser Gegenüber ist bereits hochgespannt. In diesem Zustand ist ein Hirn in der Regel nicht bereit bereitwillig Kritik anzunehmen, geschweige denn konstruktiv an Lösungen zu arbeiten. Neurologisch gesehen befinden wir uns dann wieder auf Ebene der primitiven Reaktionen Flucht, Angriff oder Erstarrung. Das Großhirn spielt in diesem Moment eine untergeordnete Rolle.

Im Sinne der Deeskalation können wir Klient*innen dann anbieten, das Thema in einem ruhigeren Moment zu besprechen. Einerseits nehmen wir das Bedürfnis nach Raum und Luft wahr, eben nicht in die Enge getrieben zu sein. Andererseits signalisieren wir durch unsere Ansprache zu entspannteren Zeitpunkten unser Dranbleiben und die Wichtigkeit des Themas unserer Klient*innen. Wir teilen ohne zu sprechen mit: *Ich nehme Dich in Deinem Bedürfnis nach Ruhe wahr, Dein Thema ist zudem so wichtig, dass ich weiter versuchen werde, es mit Dir zu besprechen!* Teile deiner Klient*in gerne unaufgeregt doch mit Bestimmtheit mit, dass Du zu einem ruhigeren Zeitpunkt erneut das Gespräch suchen wirst. Diese Art zu kommunizieren drückt unsere Idee von Beziehungen zu Klient*innen aus. Ich habe die Erfahrung gemacht, dass die innewohnende Haltung, welche automatisch mitschwingt erbaulich für Beziehungen sind, die hin und wieder eine Belastung aushalten müssen.

Unterstützung anzubieten ist ein weiterer Baustein für die Ausgestaltung funktionaler Beziehungen. Dies klingt alltäglich, banal und einfach, hat jedoch ein tiefes Fundament in seiner Bedeutung. Ernst gemeinte Unterstützung von jemandem zu spüren, bedeutet auch zu wissen: Ich bin nicht allein. Sollte ich Schwierigkeiten haben, ist da jemand. Im Zuge dessen müssen wir ein Gefühl dafür entwickeln, welche Form der Unterstützung angemessen ist. Schließlich ist es ein häufiges Thema, dass Hilfe nur zu gern angenommen wird und z.B. in der SPFH Betreuer*innen instrumentalisiert werden. Es lohnt sich demnach eine kontinuierliche Reflexion, beispielsweise in kollegialen Beratungen oder Supervisionen, in Anspruch zu nehmen.

Achte dabei darauf, die professionelle Distanz zu wahren. Zu einer professionell gestalteten Beziehung gehört es einerseits Teil des Systems zu werden (dies lässt sich kaum vermeiden) und zeitgleich die Metaperspektive einzunehmen, um weiterhin den Blick von außen zu behalten. Diese Vogelperspektive ist wichtig, um den Prozess im Auge zu behalten, den aktuellen Stand einschätzen zu können und prognostizieren zu können, wie sich die der Verlauf entwickeln könnte – egal in welche Richtung. Zusätzlich ist es wichtig, sich nicht vom System vereinnahmen zu lassen (z.B. durch Übertragungen o.ä.).

Helfer*innen bewegen sich daher in einem Spannungsfeld zwischen zwischenmenschlicher Nähe und professioneller Distanz.

Dies kann ein herausfordernder Drahtseilakt sein, der mal mehr, mal weniger gelingt. Um dieses Spannungsfeld zu wissen, es im Bewusstsein zu haben, kann jedoch schon vieles lösen und zu einer professionellen Ausgestaltung beitragen. Transparenz der Rolle ist dabei ein wichtiges Vehikel.

2.5 Ich will nicht darüber reden! - Konstruktiv umgehen mit Scham

Scham bietet eine erhebliche Herausforderung in der Arbeit mit Menschen. Scham kann sehr schmerzhaft sein, sie ist körperlich spürbar, man möchte sprichwörtlich im Boden versinken und kann zum Verzweifeln bringen.

Menschen können sich schämen für ganz unterschiedliche Dinge:

- Armut, Schulden
- empfundenen Verpflichtungen nicht nachkommen

- Abwertung durch andere
- Zugehörigkeit zu einer bestimmten Gruppe
- nicht-Entsprechen/-Erfüllen von kulturellen Normen
- Arbeitslosigkeit
- Sucht
- persönlichen Werten nicht gerecht werden (Gewissensscham)
- Ausgrenzung
- Krankheit
- intimes wurde öffentlich bekannt (Intimitätsscham)
- Sexualität, Körper, Partnerschaft
- Taten in der Vergangenheit
- Hilflosigkeit
- Begrenzung in unterschiedlichen Bereichen
- jemandem oder einer Sache nicht zu genügen
- Missachtung durch andere
- etc.

Dabei ist zu unterscheiden zwischen zwei Arten von Scham:

Wir unterscheiden zwischen der "gesunden Scham" und der "traumatischen Scham".

Während die die gesunde Scham das angemessene Maß an Scham eines Menschen bezeichnet, die nicht unbedingt überfordernd ist, ist die traumatische Scham körperlich spürbar. Ähnlich wie bei einer traumatisierten Person, die z.B. getriggert wird, werden ähnliche neuronale Systeme aktiviert, die das weitere Verhalten auf die primitiven Schutzmechanismen: Angreifen, Verstecken oder Fliehen reduzieren[3]. Wer Scham empfindet, fühlt sich unfähig, unzulänglich, minderwertig, hilflos, schwach, machtlos, wertlos, lächerlich, gedemütigt oder gekränkt[4]. Scham ist somit existenziell und soll mit allen Mitteln vermieden werden. Dies erklärt die Kraft und Wucht mit welcher von Scham betroffene Personen sich wehren oder unternehmen, um diese Scham von sich abzuwenden.

Durch „Scham-Abwehrmechanismen" versuchen Menschen, das existenziell bedrohlich empfundene Gefühl von Scham abzuwehren. Dies könnte sich in etwa folgendermaßen äußern:

- Andere werden stattdessen be-schämt, diffamiert, degradiert, ausgegrenzt, usw.

- Es wird abgelenkt auf andere Themen, sodass die persönliche Scham auf keinen Fall sichtbar wird.

- Es wird viel Energie darauf verwendet, dass der Fehler vertuscht, negiert wird durch z.B. Lügen, Ausreden.

- Weitergabe von Schuld an andere

- Die eigene Scham wird auf andere projiziert.

- Eine Maske wird aufgesetzt, eine Fassade von Stärke oder Arroganz, damit Selbstzweifel verdeckt werden

- Angriffe in Form von Gewalt, Trotz oder Wut

- überangepasstes Verhalten, übersteigerter Ehrgeiz

- emotionale Erstarrung bis hin zu Langeweile, Depression oder Suizid

- Suchtmittelmissbrauch, um Schamgefühle zu betäuben, wodurch *vicious circles (Teufelskreise)* entstehen können

Bild: Jan Hauke Hahn, 2022

---

3 Vgl. Marks, 2015, S. 157

4 Vgl. Marks, 2015, S. 37

Neurologisch betrachtet, werden in Momenten großer Beschämung sowie dem Wieder-Erleben traumatischer Erfahrungen die selben Areale im Hirn angesprochen. Die Folgen sind reduziert intuitive Verhaltensweisen (Flucht, Angriff, Erstarren). Der Fokus der erlebenden Person ist in diesem Moment stark eingeschränkt., die Außenwahrnehmung ist stark begrenzt.

Wie im Kapitel zu „Das Gute unterstellen – Gute Gründe" liegen also auch im Kontext von Scham ebensolche zugrunde. Das gezeigte, oftmals nicht sozial anerkannte Verhalten, stellt demnach einen Lösungsversuch für Klient*innen dar, der Scham und somit Angst oder Schmerz abwenden sollen. Sicherlich macht dies die Sache nicht besser und es ist schwer zu verstehen, wenn etwa aggressive Verhaltensweisen gegenüber Dritten ausgeübt werden. Es bietet jedoch einen Ansatz, um die Scham der Klien*innen konstruktiv nutzen zu können.

Scham muss nicht grundsätzlich vermieden werden. Neben der oben beschriebenen Scham, die zur Verzweiflung neigt, gibt es eine weitere Scham und wertvollen Anstoß zur Veränderung bringen. Sie kann ebenso erbaulich sein und Entwicklungsimpulse setzen, wie etwa in einem konstruktiven 4-Augen-Gespräch zwischen einer Lehrkraft und einem Schüler, der das konstruktive Feedback einer Lehrkraft nutzt für eine positive persönliche Weiterentwicklung.

Scham muss nicht um jeden Preis verhindert werden, da sie auch positive Kräfte besitzt. Jeder kennt den Satz: „Du musst dich nicht schämen.", worin es darum geht, die Scham zu verhindern. Scham hat jedoch ihre Berechtigung. Um sie konstruktiv und für eine positive Veränderung nutzen zu können, muss der Scham ein angemessener Rahmen gegeben werden.

Scham muss nicht negiert sondern stattdessen gewürdigt werden.

Es geht jedoch jedoch darum, dass es nicht zu zuviel Beschämung kommt. Salman Rushdie nutzt in diesem Zusammenhang die Metapher von einem Becher, der mit Flüssigkeit befüllt wird. Wird der Becher (Individuum) mit zuviel Flüssigkeit (Scham) befüllt, läuft der Becher über. Es geht also darum überflüssige Scham zu vermeiden.

Konstruktiv können wir mit Menschen arbeiten, indem wir ihnen mit einer Haltung von Anerkennung, Wertschätzung und Würdigung zur Seite stehen – kurz gesagt, ihnen einen Raum der Würde geben.

Diesen Raum der Würde[5] werde ich im zweiten Teil, dem Methodenteil dieses Buches eingehender beschreiben.

---

5   Terminus nach Stephan Marks (2022)

Scham nicht als Defizit zu betrachten, sondern positiv zu rahmen *(Reframing)* **und in einen anderen Bezugsrahmen zu setzen kann uns als Beratende dabei helfen, positiv auf Klient*innen zuzugehen und wichtige Zugänge zu finden, statt Wege zu verschließen.**

Doch was kann es schon Gutes daran geben, wenn jemand sich schämt? Versuchen wir es einmal und hypothetisieren: Scham könnte uns zeigen, dass der Kompass für gesellschaftliche Regeln, Moral und Normen bei unserem Gegenüber intakt ist. Die Klient*in ist sich vermutlich im Klaren darüber, dass es eine Inkongruenz zwischen ihrem Verhalten und der gesellschaftlich anerkannten Norm gibt. Vielleicht ist sie auch mit ihrem eigenen moralischen Maßstäben in Disharmonie und dadurch beschämt. Vermutlich besteht jedoch der Wunsch nach ebensolcher.

Dies könnte ein Zugang sein, um Scham zunächst positiv zu (be-)deuten, um dann im nächsten Schritt konstruktiv mit ihr arbeiten zu können.

Teil II: METHODEN

3 Methoden

Das Methoden losgelöst von Haltung nur leere Hülsen sind, wurde bereits im ersten Kapitel deutlich. Teilweise ist die Haltung bereits in der Methode enthalten und umgekehrt. Sie bilden einander eine Schnittmenge, sind somit in diesen Bereichen untrennbar. Manchmal ist die Art und Weise wie wir Klient*innen gegenübertreten bereits ein Türöffner und wirkt somit ähnlich einer Methode. Viele Berater*innen kennen vermutlich das Erlebnis, an einem Tag gar nicht viel gemacht zu haben, dennoch lief die Beratung super. Das vorbereitete Methodenfeuerwerk wurde nicht abgefeuert – es kam auch ohne dies zum Leuchten. An diesem Punkt laufen Haltung und Methode ineinander.

Der Trennschärfe wegen werden Methoden in diesem Buch dennoch gesondert behandelt. Im Gegensatz zu Haltung, die nur authentisch wirkt, wenn sie nicht zu einem Zwecke formuliert ist, sollen Methoden klar zielgerichtet wirken.

Unter dem Aspekt des Zielgerichtet-Seins schauen wir uns in diesem Kapitel Methoden an und erörtern sie in Hinblick auf ihr Geeignet-Sein und ihre Wirksamkeit.

3.1 Der Raum der Würde – Haltung? Methode? Oder beides?

Um schwierige Themen angemessen besprechen zu können muss eines sicher sein – der Raum. Damit werden nicht nur die Voraussetzungen der örtlichen Lokalität bezeichnet, sondern darüber hinaus der abstrakte Raum, in welchem wir Klient*innen und Menschen überhaupt begegnen.

Dieser Raum muss Sicherheit und Schutz bieten. Es sollen keine Gefahren oder Ängste zu befürchten sein. Zusätzlich sollte dieser Raum der Würde von Wertschätzung, Anerkennung und Würdigung geprägt sein. Stephan Marks spricht von einem *Raum der Würde*[6].

Was diesen Raum von der reinen „Kundenfreundlichkeit" oder dem technischen Terminus der Methode unterscheidet ist die authentische Haltung, die seitens der Berater*innen optimalerweise eingenommen wird.

---

[6] Marks (2022)

Einen Raum der Würde zu schaffen ist die unbedingte Grundvoraussetzung für das Besprechen schambehafteter Themen.

Ganz pragmatisch umgesetzt könnte es folgenderweise aussehen:

- bedingungslose Freundlichkeit gegenüber Klient*innen
- eine ansprechende Gestaltung des Raumes (im physischen Sinne)
- Bereitstellung von Getränken, etc.
- Gespräch möglichst unter vier Augen führen, um Bloßstellen zu vermeiden
- einen geeigneten Zeitpunkt für das Gespräch wählen
- Interesse und Neugier an den Themen der Klient*innen
- taktvoll und tröstend zur Seite stehen
- bevorstehende schwierige Termine mit Klient*innen vorbesprechen
- eine Prognose geben, um Sicherheit zu geben: Das könnte in diesem Termin passieren oder zum Thema werden.
- Anerkennung und Würdigung bisheriger erbrachter Leistungen und Lebenserfahrungen
- Begleitung für bevorstehende Prozesse mitteilen und KlientInnen zur Seite stehen
- Rollen, Erwartungen und Grenzen auf beiden Seiten klären

Ein wertschätzendes und würdevoll gestaltetes Setting kann also durch viele sehr unterschiedliche Faktoren mitbeeinflusst werden. Beginnend bei einer von uns selbst nicht beachteten Kleinigkeit bis hin ganz bewusst umgesetzten Möglichkeiten. Oft ist uns insbesondere die Wirkung dieser kleinen Dinge unbewusst. Diese Dinge können so klein sein, dass wir gar nicht (mehr) über sie nachdenken, weil wir sie als selbstverständlich erachten oder – umgekehrt - ihnen keinen größeren

Wert beimessen. Dabei muss es nicht immer die großangelegte Intervention sein. Menschen haben feine Antennen und haben feine Antennen für ihr Gegenüber. Wir spüren ob unser Gegenüber es ernst meint, sich Mühe gibt oder wir z.B. „nur eine Nummer sind", ein weiterer Kunde sind oder ob nicht wir im Zentrum der Bemühungen stehen und man uns nur möglichst schnell möglichst viel verkaufen will. Wenn wir dies wahrnehmen, empfinden wir Unbehagen und verschließen uns. Wenn wir jedoch das Gegenteil spüren, dann sind wir folglich offener. Wir können mit mehr Bewusstsein für das Kleine also schon einiges bewirken.

Ein Beispiel (für Kleinigkeiten mit großer Wirkung):

> *Vor einiger Zeit hatte ich ein Coaching mit einer Kundin. Kurz vor Ende des Termins sprach sie mich auf mein Notizbuch an, in welchem ich meine Beratungsprozesse skizziere. Es fiel ihr auf, weil es einen hochwertigen Buchdeckel mit Ornamenten darauf hatte. Ich begann zu erzählen: Vor jeder ersten Sitzung gehe ich in einen Laden für Bürobedarf und suche nach einem schönen Buch für meine Notizen. Für mich ist das etwas besonderes, da ich mir immer Gedanken mache, welches Notizbuch mag wohl zur jeweiligen KundIn passen. Nach einem Vorgespräch, was meist telefonisch stattfindet, habe ich dann in etwa eine Vorstellung und suche mir dann ein schönes Buch aus, was meiner Meinung nach zur KundIn passe … Nachdem ich mit meinen Ausführungen fertig war, teilte mir die Kundin mit, sie finde die Idee total schön. Ich würde die Dinge dann nicht auf ein gewöhnliches DIN-A4-Blatt kritzeln, sondern würde mir Mühe für sie machen. Sie schätze dies sehr und fühle sich besonders.*

In der Reflexion dieser Sitzung überlegte ich, was da gerade passiert war und lernte für mich etwas, worauf ich in aller Betriebsblindheit nicht dachte: Die Bedeutung von Kleinigkeiten ist nicht zu unterschätzen, sondern kann sehr positive und auch negative Auswirkungen haben. Die Kundin freute sich über genau diese Kleinigkeit, an welche ich gar mehr nicht dachte. Ich unterstelle ihr, sie fühlte sich dadurch wertgeschätzt, gesehen, fühlte sich als etwas besonderes. Auch umgekehrt spürte ich diesen Effekt. Offenbar achtet sie auf diese Dinge und merkt sogar auf welches Papier ich schreibe. Nicht nur ich beobachte und nehme wahr – auch mein Gegenüber. Ich freute mich ebenfalls über diese Form der Wertschätzung durch die Kundin.

Gerade im Kontext schambehafteter Themen ist es wichtig, dass einerseits der Scham Raum gegeben wird, andererseits darauf geachtet wird, dass dieser Scham der Klient*innen nicht mit Vorwürfen, Vorurteilen oder Ratschlägen von oben herab begegnet wird. Vielmehr ist eine gesunde, naive Neugier der Beratenden ein Türöffner für Verständnis und Nachvollziehbarkeit. Scham sitzt tief und ist in ihrer Wirkung intensiv. Wenn ihr sie jedoch nicht beiseite geschoben und negiert wird, sondern ihr auf wertschätzende Art und Weise Raum gegeben wird, kann mit ihr konstruktiv gearbeitet werden. Berater*innen können diese Umstände proaktiv gestalten und auch durch ihre zugewandte Haltung zu Klient*innen positiv fördern. Wenn Beratungsnehmende sich in einem sicheren, geschützten Raum fühlen, werden sie offener sein und bereit für Lösungsperspektiven.

3.2 Was man hat, das hat man... - Das Thema in den Raum bringen

Die richtigen Worte zu finden ist gar nicht so einfach. Vermutlich gibt es auch nicht die *richtigen Worte* für die Person, die wir mit einem schwierigen Thema konfrontieren. Wir (Sender) dürfen nicht vergessen, dass die richtigen Worte nur in unserer subjektiven Vorstellung existieren, bei unserem Gegenüber (Empfänger) aber gegebenen Falles nicht so ankommen, wie wir sie gemeint haben. Allein zwischen unserer Vorstellung und dem reinen gesagten liegt ein Unterschied. Stellen wir uns nun vor, wie unsere gewählten Worte beim anderen gehört und dann mit Bedeutung versehen werden. Allein auf dieser Strecke liegen etliche „Fehlerquellen" für unsere intendierte Bedeutung.

Einer meiner Ausbilder*innen erzählte eine Anekdote aus seiner Tätigkeit als sozialpädagogische Familienhilfe (SPFH) in etwa folgendermaßen:

> *„Meine Kollegin und ich waren in dieser Familie, wo es echt brannte. Wir waren beide noch relativ neu im Job. Während wir dort auf dem Sofa saßen und über die Themen der Familie sprachen, fragte meine Kollegin mich, ob wir kurz unter vier Augen auf dem Balkon sprechen konnten, was wir dann taten. Sie erzählte mir auf dem Balkon, sie habe eine Alkoholfahne bei der Mutter wahrgenommen, wie wir es nun ansprechen könnten? Zurück auf dem Sofa ließen wir uns beide Zeit und wussten auch nicht so recht. Uns beiden war klar, es musste heute thematisiert werden. Beim nächsten Mal wäre es vielleicht zu spät. Immerhin gehe es um Kindeswohlgefährdung und Auflagen hatte die Familie auch. Schließlich, so kurz vor Ende, brach es aus mir heraus: „ ... und was ist eigentlich mit Saufen?". Die Mutter guckte uns mit großen Augen an, gab dann jedoch bereitwillig an, hin und wieder einen*

> *Schluck zu trinken. Wir konnten ab diesem Zeitpunkt weiter mit dem Thema arbeiten und konnten die Mutter in den nächsten Terminen dazu bewegen, sich mit ihrer Alkoholabhängigkeit auseinanderzusetzen."*

Obwohl das Thema zunächst sehr kurz und kreativ angesprochen wurde, war es nun im Raum und konnte weiterbearbeitet werden. Die saloppe Formulierung ist dabei zweitrangig, da die Möglichkeit besteht, das Hervorgebrachte weiter zu besprechen, genauer zu definieren und inhaltlich zu verfeinern. Worte sind eben nicht in Stein gemeißelt, sondern laden zu einer Fortführung ein und sind vielmehr als Impuls zur weiteren Besprechung zu verstehen.

3.3 Worum geht es hier wirklich? - Den Fokus ändern

Oft ist das Ansprechen schwieriger Themen mit persönlichen Defiziten bei den Adressat*innen verknüpft. Werden Menschen auf etwas angesprochen, reagieren sie mit Rechtfertigungen, Ausflüchten, Begründungen, Vermeidungen oder Themenwechsel. Kurzum: Sie versuchen ihr Gesicht zu wahren und wechseln in den Modus der Flucht, Verteidigung oder Erstarrung. Ähnlich wie Menschen bei drohenden Gefahren reagieren, sind dies – neurologisch gesehen – plausible Vorgänge, die tief in uns angelegt sind.

Wir können jedoch dazu beitragen, dass unser Verhalten nicht als Angriff wahrgenommen wird, indem wir den Fokus von der konfrontierten Person nehmen und auf den Mittelpunkt der Bemühungen lenken. Schließlich geht es nicht darum jemanden mit persönlichen Defiziten zu konfrontieren, sondern eine Lösung zu fokussieren und dabei die Person in die Verantwortung und Handlung zu bringen.

In meiner Tätigkeit als sozialpädagogische Familienhilfe betreute ich eine Mutter, deren Kind aus unterschiedlichen Gründen in Obhut genommen werden musste. Hintergrund waren sowohl Alkoholismus in der Familie als auch massive häusliche Gewalt. Die Mutter stritt jedoch mit dem zuständigen Jugendamt und verweigerte der Behörde den Zugang zur Wohnung. Glücklicherweise hatten die Mutter und ich eine belastbare Beziehung entwickelt, die auch schwierige Themen aushielt.

Am einfachsten wäre es für sie und vor allem ihr Kind, wenn sie es freiwillig für einige Zeit in Obhut gehen lassen würde, um ihre eigenen Themen zu bearbeiten.

Kurz vor der Inobhutnahme sprachen wir also miteinander (verkürzter Dialog):

> *Ich: Wie stehst Du zum Vorschlag des Amtes, Dein Kind für einige Zeit freiwillig in Obhut zu geben?*
>
> *Sie: Das mache ich nicht. Niemals!*
>
> *Ich: Niemals? Unter gar keinen Umständen?*
>
> *Sie: Nein. Ich bin wie eine Löwin. Ich kämpfe für mein Kind.*
>
> *Ich: Das spüre ich. Du gibst wirklich alles an Kraft. Dein Kind gibt Dir viel Kraft zum Kämpfen.*
>
> *Sie: Ja. Es ist der Grund, warum ich das alles mache.*
>
> *Ich: Dein Kind ist Dein Mittelpunkt. Das verdient großen Respekt. Du willst, dass es ihm gut geht, dass er es leichter hat als Du.*
>
> *Sie: Ja. Ich will nicht, dass er das durchmachen muss, was ich durchmachen musste.*
>
> *Ich: Was wünscht Du Dir denn für Dein Kind?*
>
> *Sie: Es soll es besser haben als ich früher in meiner Familie. Mein Vater war immer sehr schlecht zu mir – er schlug meine Mutter und mich. Ich musste mich immer um meine Mutter kümmern. Das will ich nicht für mein Kind.*
>
> *Ich: Und wie kannst Du dazu beitragen, dass Dein Kind nicht die selben Erfahrungen macht?*
>
> *Sie: Ich weiß ja, dass er hier auch so etwas durchmacht. Aber ich will es nicht verlieren. Ich will nicht, dass Sie es mir wegnehmen. Ich will es einfach schaffen.*
>
> *Ich: Wie könntest Du es schaffen, dass er es nicht durchmachen muss?*
>
> *Sie: Ich will das mit der Tagesklinik ausprobieren und besser sein als meine Eltern, ich will stark sein.*
>
> *Ich: Wie könntest Du denn Stärke für Dein Kind beweisen?*
>
> *Sie: Ich müsste mutig sein und es freiwillig gehen lassen. Dann hätte ich Zeit mich auf mich zu konzentrieren und könnte wieder stark für mein Kind sein.*

Nach dem Gespräch war die Mutter bereit ihr Kind freiwillig in Obhut nehmen zu lassen. In dem Konflikt zwischen dem Jugendamt und ihr, wurde sie immer wieder mit ihren Defiziten konfrontiert, sie sei ständig betrunken und würde nicht für die Sicherheit ihres Kindes sorgen können. Die Mutter beschrieb mir, dass alle immer auf sie schauen würden. Auf diese Weise verhärteten sich die Fronten zwischen ihr und dem Amt. Sie fühlte sich in die Enge getrieben und musste sich verteidigen.

Die Lösung bestand nun darin, dass der Blick von ihren Defiziten genommen wurde und vielmehr darauf geschaut wurde, was im Zentrum aller Bemühungen stand – ihr Kind. Für ihr Kind will sie das Beste und war bereit, nach Lösungen für ihr Kind zu suchen.

Häufig verhärten sich in Konflikten die Fronten, da nicht mehr über das Thema im Mittelpunkt geredet wird, sondern die Akteure auf der Beziehungsebene miteinander sprechen. Auf diese Weise sind Zuweisungen von Schuld im Ping Pong-Prinzip – hin und her – häufig ein festgefahrener Modus. Daher kann es hilfreich sein, wenn der Fokus wieder auf das Thema, das Ziel, den Grund der Bemühungen gerichtet wird.

3.4 Komm mal runter! - Gewaltfrei kommunizieren

Vor einiger Zeit traf ich einen Jugendlichen, den ich sehr lange im Rahmen meiner Tätigkeit in der Jugendhilfe betreut habe. Der Junge hat vieles hinter sich. Von Fluchterfahrungen, über Erfahrungen häuslicher Gewalt zu persönlicher Enttäuschung innerhalb der Familie. Symptomatisch äußerte sich dies im übergriffigen Verhalten gegenüber anderen Menschen, Erpressung, Diebstahl und weiteren Straftaten. Umgangssprachlich würde man über den Jugendlichen sagen: ein ordentliches Kaliber. In der Schule hatte er seinen Ruf weg und wurde von Lehrkräften dort oft direktiv angesprochen, was regelmäßig zu extremen Eskalationen führte.

Der Junge – nennen wir ihn Hamid – und ich unterhielten uns eine Weile. Er erzählte mir von seinen ersten Beziehungserfahrungen und stellte mir interessiert Fragen und wollte meine Meinung wissen. Schließlich landeten wir bei dem Thema „Respekt". Hamid erzählte von anderen Jugendlichen, die seiner Meinung nach keinen Respekt vor ihm hätten. Ich fragte ihn, was er unternimmt, um sich Respekt zu verschaffen? „Die kennen mich und wissen, dass sie Respekt vor mir haben müssen."

>Ich: „Respekt oder Angst?"
>
>Hamid: „Beides."
>
>Ich: „Ok, wie geht das denn?"
>
>Hamid: „Die haben Angst vor mir und dadurch haben die Respekt."
>
>Ich: „Vor welchen Menschen hast Du Respekt?"
>
>Hamid: „Vor meinem Klassenlehrer, der ist in Ordnung. Meine Mutter. Vor Dir auch."
>
>Ich: „Wie kommt es, dass Du vor mir Respekt hast? Ich hoffe, ich mache Dir keine Angst!?"
>
>Hamid (überlegt und sagt dann): „Na ja, Du warst echt immer korrekt zu mir. Auch wenn ich mal Scheiße gebaut hab. Du hast trotzdem immer normal mit mir geredet und hast auch nie geschrien."
>
>Ich (lache): „Und Du hast trotzdem Respekt vor mir?"
>
>Hamid (lacht auch): „Ja, Du sagst ja auch immer, wenn ich Scheiße gemacht habe aber Du bist dabei echt korrekt. Da komme ich besser mit klar, als wenn so ein Lehrer kommt und mich gleich anschreit."

Der Jugendliche in dem oben genannten Beispiel kann genau benennen, wie Respekt für ihn zustande kommt. Nämlich durch eine angemessene Art der Kommunikation. Dabei scheint es sogar völlig ok für ihn zu sein, dass ich ihn auch auf die unangenehmen Dinge anspreche. Es kommt also nicht darauf an was man sagt, sondern wie etwas formuliert wird. Dabei kann es inhaltlich auch gerne ungemütlich werden.

Marshall B. Rosenberg stellt in seinem Konzept der Gewaltfreien Kommunikation (GFK) Möglichkeiten vor wie Ärger ausgedrückt werden kann. Dabei spielt das Herstellen von Empathie eine besondere Rolle. Rosenberg sagt:

„Wenn wir die Bedürfnisse und Gefühle des anderen hören, dann erkennen wir die Menschlichkeit, die wir gemeinsam haben."[7]

Teilen wir unsere Bedürfnisse und Gefühle mit, erzeugen wir Mitgefühl, wir machen für die andere Person nachvollziehbar, wie wir uns fühlen und was unser Bedürfnis ist.

In der Regel geht es in Hilfe-Kontexten jedoch nicht um uns und darum unseren Ärger angemessen mitzuteilen, sondern um unsere Klient*innen. Dennoch kann die GFK hier ein hilfreiches Vehikel sein. Zu unseren Aufgaben gehört es Beobachtungen zu machen, neugierig und einfühlsam nachzufragen, wenn wir etwas verstehen wollen. Aufgrund unserer Beobachtungen und Informationen können wir Klient*innen durchaus unsere aufrichtige Sorge mitteilen.

Die Mitteilung von Sorge und Betroffenheit an Klient*innen heißt, dass wir in Kontakt mit Klient*innen gehen. Es ist nicht nur unser professionelles Interesse, sondern auch eine menschliche-authentische Haltung aus welcher heraus wir agieren.

An diesem Punkt wird deutlich, dass die GFK keineswegs als reine Methode degradierbar ist, sondern vielmehr eine Grundhaltung darstellt, die es uns ermöglicht einfühlsam, wertschätzend und respektvoll in Kontakt zu gehen. Sind wir in der Lage diese Grundhaltung authentisch zu leben und auf ihrer Grundlage unsere Kommunikation mit Menschen zu gestalten, ist es nicht wichtig, ob unser Gegenüber in diesem Ansatz geschult ist. Unser Gegenüber wird uns diese Haltung unbewusst rückkoppeln, indem es positiv darauf reagiert und ebenso mit uns reden wird – selbst bei schwierigen Themen.

Grundlage der GFK ist das Beobachten. Den ganzen Tag über beobachten wir die Menschen in unserer Umwelt, nehmen sie wahr, spüren sie in ihren Auswirkungen auf uns. Menschen um uns herum verhalten sich und wir verhalten uns zu ihnen. Das meiste passiert völlig automatisiert und intuitiv. Wir haben gelernt schnell in unseren Reaktionen zu sein und hinterfragen sie sehr selten. Unser überwiegendes Verhalten ist uns kaum bewusst und „geht einfach

---

[7] Rosenberg, 2009, S. 172

ohne Nachdenken von der Hand." Das ist ganz normal uns zunächst nicht weiter schlimm. Würden wir jede Handlung bewusst überlegen, planen und erst dann ausführen, wäre unser Gehirn heillos überfordert. Insofern stellt dieses automatisierte Reagieren einen Schutz gegen Überlastung für unsere zerebrale Verwaltung dar.

Wir haben jedoch die Möglichkeit bewusst zu reagieren. Wir können andere beobachten und können unsere Reaktion darauf beobachten. An dieser Schnittstelle ergibt sich ein ausgezeichneter Moment mit unseren Mitmenschen in Kontakt zu treten, indem wir ihnen mitteilen, was wir beobachten und können auch unsere Gefühle und Bedürfnisse dazu mitteilen.

Die GFK ermöglicht uns unter anderem Ärgernisse oder schwierige Themen auf wertschätzende Art und Weise mitzuteilen, indem wir in Ich-Botschaften sprechen und die Ebene von Schuldzuweisungen und Vorwürfen verlassen.

Die folgenden Reihenfolge von Schritten kann hilfreich dabei sein, eine wertschätzende Mitteilung zu machen:

Schritt 1) Beobachtung

„Ich bekomme häufig mit, dass Dein Kind keine ausreichende Verpflegung mit in die Schule bekommt."

Schritt 2) Emotionen mitteilen

„Mich macht es sehr besorgt, dass Dein Kind hungrig ist und andere Kinder nach Essen fragt."

Schritt 3) Bedürfnis mitteilen

„Gerne würde ich Dich dabei unterstützen, diese Lage zu verändern."

Schritt 4) Wunsch formulieren

„Ich wünsche mir, wir könnten uns gemeinsam Ideen entwickeln, wie Du es schaffen kannst, Dein Kind in der Schule mit Essen zu versorgen."

In der GFK ist es nicht wichtig zu erwähnen, wer die Schuld an etwas trägt. Schuld ist immer die übersteigerte Form der Scham. Die GFK trägt vielmehr dazu bei in Beziehung zu treten, eine Verbindung zwischen kommunizierenden Individuen aufzubauen und sich gegenseitig die Chance zu geben, an Befindlichkeiten und Wünschen teilzunehmen. Sie ist quasi eine Einladung zum gemeinsamen Wachstum, in welchem (bestenfalls) beide Seiten das Interesse am Wachstum der jeweils anderen Seite haben.

3.5 Noch mehr Öl ins Feuer? - Deeskalation

In einer Schule erlebte ich einmal die folgende Situation zwischen Lehrkräften und einem Vater. Der Vater nahm an einer Maßnahme teil, in welcher Eltern ihre Kinder an einigen Tagen im Schulalltag begleiten, um sie zu unterstützen und einen Einblick in das Verhalten ihres Kindes sowie die Interaktion zwischen dem Kind und Lehrkräften zu erleben. Als es zur Pause gongte, hielt sich der Vater in einem Bereich auf, der von Lehrkräften in Pausen zur Erholung genutzt wird. Leider ist dieser Bereich nicht als solcher gekennzeichnet. Ich hielt mich in der Nähe auf und bekam die Interaktion zwischen dem Vater und zunächst einer Lehrkraft (LK1) mit:

> LK1: (Geht auf den Vater zu.) Verlassen Sie bitte umgehend diesen Bereich.
>
> Vater: Ich mache hier nur Pause. Ich begleite heute mein Kind in die Schule.
>
> LK1: Das ist mir egal. Dieser Bereich ist ausschließlich Lehrkräften vorbehalten, also verlassen Sie ihn bitte sofort!
>
> Vater: Das wusste ich nicht. Das steht aber auch nirgendwo.
>
> LK1: Dann sage ich es ihnen jetzt! Sofort!
>
> In der Zwischenzeit taucht die Direktorin auf, die von einer weiteren Lehrkraft hinzu geholt wurde und spricht sofort entschlossen aus.
>
> Direktorin: Ich bin die Direktorin. Sie gehen jetzt bitte hier weg!
>
> Vater: Wo kann ich denn hin? Ich möchte Pause machen? Ich habe hier niemanden gestört und ihre Kollegin schnauzt mich sofort an.
>
> Direktorin: Meine Kollegin schnauzt bestimmt niemanden grundlos an. Sie gehen jetzt oder wir sind gezwungen, die Polizei zu rufen.

Vater: Ich kann gerne gehen, wenn sie mir sagen wohin. Gastfreundschaft sieht übrigens anders aus! Wie sollen unsere Kinder denn auf so einer Schule lernen, wie man freundlich miteinander umgeht? Von ihnen bestimmt nicht. (Der Vater verlässt wütend den Pausenbereich.)

Die wenigen Minuten waren eine wertvolle Lehrstunde für mich. Mein erster Impuls waren Sympathien für den Vater, den ich trotz allem erstaunlich ruhig empfand. Ich fragte mich, weshalb die Lehrkräfte so entschlossen und – wie ich finde - respektlos mit dem Vater umgingen. Innerhalb kürzester Zeit eskalierte der Konflikt. War das wirklich notwendig? An welcher Stelle eskalierte die Situation? Was trug zu einer Eskalation bei?

Ich habe dazu unterschiedliche Hypothesen. Zum einen beginnt es mit dem ersten Satz der ersten Lehrkraft, die sofort und ohne Versuch einer achtsamen Kontaktaufnahme eine direktive Ansage aus einer erhöhten Position macht. Im zweiten Satz erwähnt dieselbe Lehrkraft, es sei ihr egal, was der Vater sagt. Im weiteren Verlauf tauchen dann zwei weitere Lehrkräfte, inklusive der Direktorin auf. Somit stehen drei Personen der Institution Schule dem Vater gegenüber. Dies übt vermutlich allein durch die Aufstellung der Szene einen Druck auf den Vater auf. Dann macht die Direktorin, statt eines Klärungsversuches, eine ebenso direktive Ansage, droht mit der Polizei und stellt sogar die Aussage des Vaters als Lüge dar.

Bereits der angeschlagene Ton aller Lehrkräfte gegenüber dem Vater kann als Faktor zur Eskalation betrachtet werden.

Ferner kommt der Kontext zur Ebene der reinen Aussagen hinzu. Die Schule liegt in einem sozialen Brennpunkt, in welchem viele Familien Migrationshintergrund haben, finanziell vor großen Herausforderungen stehen oder teilweise multiple Problemlagen haben. Zwischen den Lehrkräften der Schule und vielen Eltern herrscht also auch ein großes soziales Gefälle. Die Ansprache der Lehrkräfte an den Vater könnte demnach auch als Demonstration von Macht gewertet werden.

Ein besseres Beispiel für eskalationsfördernde Kommunikation könnte man sich nicht ausdenken – leider ist es wirklich so passiert.

An jeder Stelle des oben aufgeführten Gespräches wäre es möglich gewesen einen friedfertigeren Weg und somit einen Kompromiss oder sogar eine Lösung herbeizuführen. Vielleicht hätte man sogar Verständnis bei dem Vater erwirken können. Es wollte jedoch niemand zu keinem Zeitpunkt. Die Bedürfnisse der Lehrkräfte Recht zu haben und in den Anweisungen befolgt zu werden waren größer als das Bedürfnis nach einem würdevollen Umgang miteinander.

Gespräche mit Bedacht auf Deeskalation zu führen ist wichtig und repräsentiert unsere Haltung gegenüber Klient*innen. Sie spüren an der Art wie wir in Gespräche gehen, ob wir auf Augenhöhe gemeinsam Lösungen entwickeln oder ob wir von oben herab eine Lage zum eskalieren bringen wollen.

Eskalation verläuft dabei in Schleifen. Alle kennen die Formulierung das etwas *sich hochschraubt* oder es zu einer *Abwärtsspirale* kommt. Da Eskalation oft dialogisch erfolgt, könnte man es auch als Ping-Pong-Effekt beschreiben. Alle diese Beschreibungen haben gemeinsam, dass es immer wieder Momente und Möglichkeiten gibt, auszusteigen. Wir tragen in jedem Moment die Verantwortung für die De-Eskalation und haben in jedem Moment die Möglichkeit zur Deeskalation.

Hilfreich kann es sein, sich unterschiedliches bewusst zu machen:

- Aus welcher Rolle heraus spreche ich mit Klient*innen? Welche Besonderheiten gibt es in Hinblick auf soziale Gefälle, Machtaspekte, Hierarchien? **(Kontext)**

- Auf welche Art und Weise kommuniziere ich? Welchen Ton wähle ich? Welche Lautstärke nutze ich? **(Modus)**

- In welchem Verhältnis stehen Klient*innen und ich zueinander? Inwiefern ist unsere Beziehung zueinander belastbar? **(Beziehung)**

- Unter welchen Rahmenbedingungen oder Einflüssen von außen führe ich ein Gespräch? Gibt es störende Einflüsse von außen (Zeitnot, Lautstärke, persönliche störende Umstände, etc.) **(Umstände/Umwelt)**

Die Bemühung um Deeskalation sollte bereits vor ersten Anzeichen einer Eskalation stattfinden. Es ist äußerst lohnenswert zuvor mögliche Faktoren für Störungen zu bedenken. Ziel sollte es sein, einen Raum für Gespräche zu schaffen, in welchem Klient*innen keine Angst, Beschämung oder Zuweisungen von Schuld befürchten müssen.

3.6 Über drei Ecken... - Triadisches Contracting

Eine häufige Konstellation in der Jugendhilfe ist die Trias aus Jugendamt (Leistungsträger), sozialpädagogische Familienhilfe (SPFH) (Leistungserbringer) und dem Familiensystem, mit welchem gearbeitet wird. Teilweise finden Beratungen in diesem Kontext nicht freiwillig oder kaum freiwillig statt. Wenn etwa Auflagen für Eltern formuliert sind, weil z.B. eine Kindeswohlgefährdung abgewendet werden soll, entsteht ein Zwangskontext, in welchem Familien teilweise widerwillig Hilfe annehmen und die Arbeit der Familienhilfe eine Akzentverschiebung auf Seiten kontrollierender Aufträge beinhaltet.

In der Jugendhilfe ist dies oft Alltag, kann jedoch ebenso in anderen Zusammenhängen auftauchen, wie etwa das von höherer Stelle verordnete Mitarbeiter*innencoaching. Beratungsnehmende sind dann nicht in der Beratung, weil sie wollen sondern weil sie müssen. Das von anderer Stelle benannte Problem wird vermutlich selbst nicht als solches wahrgenommen.

Für das Verhältnis zwischen Beratungsnehmenden und Beratenden ist dies eine erhebliche Herausforderung, da immer das Gefühl mitschwingt, Beratende seien in diesem Fall weniger neutral und haben zusätzliche Aufträge von anderer oder höherer Instanz. Umso wichtiger ist es hier sauber zu arbeiten, transparent zu sein und die Aufträge oder Auflagen klar zu benennen, damit eine Kooperationsbeziehung entstehen kann.[8]

An dieser Stelle ist es zunächst wichtig klarzustellen, dass Berater*innen nicht als der verlängerte Arm der dritten Instanz zu arbeiten, auch wenn dies in der Funktion als Leistungserbringer schwierig ist. Um eine Kooperationsbeziehung zu ermöglichen sollten nicht dieselben „Probleme" auf's Neue formuliert werden, sondern vielmehr fragend interveniert werden: *„Wie kann ich Sie dabei unterstützen, dass Sie von dieser Instanz zukünftig in Ruhe gelassen werden?"* - oder - *„Wie können Sie es schaffen, dass Sie mich so schnell es geht wieder loswerden?"*

Durch systemisches Fragen und eine größtmögliche Transparenz kann *der Ball an die Klient*innen zurückgegeben* werden und der Kontrakt sauber hergestellt werden.

---

[8] Vgl. von Schlippe/Schweitzer (2016), S. 243

Hilfreiche Fragen hierzu können sein:

> *„Wer hat ein Interesse daran, dass wir hier zusammen sitzen?"*
>
> *„Wie erklären Sie sich die Gründe dafür?"*
>
> *„Inwiefern sind Sie damit einverstanden?"*
>
> *„Welche gemeinsamen Ziele haben Sie und die dritte Instanz?"*
>
> *„Was vermuten Sie, welche Veränderungen die andere Instanz von Ihnen erwartet?"*
>
> *„Was soll innerhalb unserer Gespräche passieren?"*
>
> *„Was würde passieren, wenn Sie unsere Termine nicht wahrnehmen?"*

Die Rolle des Dritten muss demnach unbedingt geklärt werden. Durch diese Klärung entsteht eine zunehmende Rollenklarheit auch in Bezug auf die Berater*innen. Beratungsnehmende können im Zuge dessen Ängste abbauen und Vertrauen gewinnen.

Die Kontrolle über die etwaige Erfüllung von Auflagen gehört ebenfalls transparent gemacht. Nichts ist schädlicher für ein Vertrauensverhältnis, als wenn diese Kontrolle heimlich oder unangekündigt stattfindet. Eine Aufklärung über etwaige Mitteilungspflichten der Beratenden an Dritte ist somit unbedingt erforderlich.

3.7 Das Beste kommt zum Schluss – Die Horror-Holiday-Methode

In Gesprächen mit Kindern oder Klient*innen kann es manchmal zugehen wie im Gangsterfilm, wenn das FBI mit den Entführern verhandelt. Natürlich ist dies sehr überspitzt formuliert und mit einem langen Augenzwinkern von mir gemeint. Die Bedeutung von Konsequenzen soll dadurch hervorgehoben werden. Die klassische Kausalkette „wenn - dann" bewährt sich selten als erfolgreiches Mittel.

Man stelle sich folgende Situation vor (Horror):

> Eine Familie wird aufgrund von Einschränkung der Erziehungsfähigkeit vor die Wahl gestellt: Wenn Sie A, B,und C nicht machen, dann wird Ihr Kind aus der Familie genommen.

Wie wirkt dies von außen gesehen? Was löst es in Dir aus? Vermutlich spürst Du den Druck, ein unangenehmes Gefühl, vielleicht sogar Angst, vielleicht so große Angst, dass sie existenziell ist? Die oben genannte Formulierung führt dazu, dass ihre Adressat*in mit dem Rücken zur Wand steht, in die Enge getrieben wird und keinen Raum zur Bewegung hat.

Zwar werden Möglichkeiten genannt – jedoch als Bedingungen in der kausalen Abfolge *wenn-dann* oder *wenn nicht-dann*. Dies kann man mit der vielzitierten Pistole auf der Brust vergleichen. Dabei steht die Betonung eines Zwanges im Vordergrund. Wir stellen unser Gegenüber vor die Wahl, allerdings nicht vor eine wirkliche Wahl, da die Entscheidungsmöglichkeit, die wir geben auf unausgeglichenen Machtverhältnissen beruht und nicht auf Augenhöhe stattfindet. Vielmehr betont sie die Machtverhältnisse zu Ungunsten des Menschen, vor dem wir stehen und unterstützen wollen.

Vor allem ist die Möglichkeit zur selbstbestimmten Bewegung gen Null eingeschränkt. Kurzum: der blanke Horror.

Ich möchte einen anderen Weg vorschlagen:

> „Wir sorgen uns um das Wohlergehen ihres Kindes aufgrund dieser Dinge. Das Wohl Ihres Kindes ist Ihnen sicher auch das Wichtigste. Zur Zeit scheint es schwierig für Sie zu sein, wichtige Punkte zu erfüllen. Wenn dies so bleibt, wird es die Folge haben, dass ihr Kind vorübergehend in Obhut genommen werden muss. Die zweite Möglichkeit wäre, dass sie mit uns zusammen daran arbeiten, dass es ihrem Kind wieder besser gehen kann. Was liegt Ihnen näher? Und welche Ideen haben Sie dazu?"

Was fällt Ihnen an dieser längeren Formulierung auf? Sie lässt den Klient*innen Raum zum Mitwirken und vor allem zur eigenen Mitgestaltung der Umstände. Sie werden nicht vor unabänderliche Tatsachen gestellt, mit denen sie klar kommen müssen. Die Konsequenz ist dennoch ebenso klar formuliert wie im ersten Beispiel, mit dem Unterschied, dass Klient*innen selbst wählen können.

Auf Adressat*innenseite entsteht eine Struktur der Wahl im Kopf, die Möglichkeit zwischen *Horror* (negative Folge) und *Holiday* (positive

Folge) zu wählen. Assoziert wird dabei die Möglichkeit, den positiven Weiterverlauf aktiv mitbestimmen und lenken zu können. Es bleibt damit in der Verantwortung der Klient*innen.

Tatsächlich wird die *Horror-Holiday-Methode* in den USA vom FBI genutzt und hat sich in Verhandlungen mit Geiselnehmer*innen bewährt. Auch wenn dies ein dramatisches Beispiel ist, ist es eine gute Metapher für unsere Klient*innen. Geiselnehmer*innen wissen, dass sie mit dem Rücken zur Wand stehen und vermutlich nicht heil aus der Sache herauskommen werden. Als Druckmittel zur Erreichung ihrer Ziele nutzen sie Geiseln. Dies stellt jedoch einen letzten Ausweg, einen Strohhalm an welchem man sich klammert dar. Das FBI nutzt in Kommunikation hochprofessionell geschulte Menschen für die Verhandlung mit Geiselnehmer*innen.

Wichtig bei dieser Herangehensweise ist die strikte Abfolge, dass das Negative zuerst genannt wird, das Positive stellt die letztgenannte Option dar. Auf diese Weise wird eine zeitliche Abfolge assoziiert, bei welcher das Positive naheliegender ist. Die positive Variante ist in unmittelbarer Erinnerung und somit in gedanklicher Greifweite. Es ist wahrscheinlich, dass Klient*innen sich für genau diese Möglichkeit entscheiden, die darüber hinaus die für sie angenehmer empfundene Wahlmöglichkeit darstellt. Ergänzt werden kann *Holiday*, der positive Teil, durch offene Fragen an die Klient*innen, in welchen eigene Ressourcen aktiviert werden, eigene Ideen und Eigenverantwortlichkeit gefördert wird. Die Klient*innen bekommen somit das angenehme Gefühl suggeriert, die Kontrolle über den weiteren Verlauf zu haben.

4   Abschluss

Die hier dargestellten Haltungen und Methoden entsprechen meiner persönlichen Herangehensweise an meine beruflichen Tätigkeiten im psychosozialen Feld.

Spannend war es für mich insofern dieses Buch zu schreiben, da ich nur den Gedanken an meine Lösungen hatte. Zuvor hatte ich mich nicht fachlich mit dem Thema auseinandergesetzt oder Literatur gewälzt, um ein möglichst vollständiges Buch zum Thema „schwierige Gespräche" zu verfassen. Natürlich habe ich ein gewisses Vorwissen, qua meiner Ausbildungen, Weiterbildungen oder auch Erfahrungen. Die meisten Methoden entspringen jedoch der Erfahrung oder dem Austausch mit Kolleg*innen.

Dieses Buch wird also keinen Anspruch auf Vollständigkeit erheben, sondern ist lediglich ein Abbild meiner Arbeitsweise und meiner beruflich-fachlichen Reise bis hier her. Ich bin sehr gespannt wie diese Reise weitergehen wird und welche Herausforderungen und neue Kontexte sie mit sich bringen wird.

Ich hoffe, Du hattest Spaß mich ein Stück des Weges zu begleiten und gehst mit hilfreichem Wissen und neuen Ideen ans Werk.

5 Short cuts für das Ansprechen schwieriger Themen

- Achte grundsätzlich auf eine **angemessene Umgebung** und einen **sicheren Rahmen** für das Gespräch.
- Erkenne Klient*innen als **Experten für ihr eigenes Leben** an.
- Unterstelle Klient*innen **gute Gründe** für ihr bisheriges Handeln.
- Fürchte Dich nicht etwas anzusprechen. Ist das **Thema im Raum**, kann damit weiter gearbeitet werden.
- Teile Deine **Beobachtung** und Deine **Sorge** mit. Halte Dich mit Bewertungen zurück.
- Sprich dabei von Dir (Ich-Botschaften) und **vermeide Vorwürfe und Schuldzuweisungen**.
- Sprich das Thema **kurz und klar** an. Vermeide dabei Exkurse und Abschweifungen.
- Nimm das **Thema in den Fokus** und nicht die Defizite der Klient*innen.
- Nimm **Lösungen in den Fokus** und verweile nicht in der Problemtrance.
- Teile Deine **Wertschätzung für erbrachte Leistungen** der Klient*innen mit und unterstütze die **persönlichen Ressourcen** der Klient*innen.
- Nutze die **Horror-Holiday-Methode**.
- Biete Klient*innen **Deine Unterstützung** an und achte darauf, dass die **Klient*in in der Verantwortung bleibt** und diese nicht an Dich abgibt.
- Schaffe einen **Raum der Würde** für Deine Klient*innen.
- Achte auf **Deeskalation**.

- **Triadische Struktur?** Gibt es neben den Klient*innen weitere Auftraggeber*innen, müssen sie und deren Aufträge transparent gemacht werden.

6 Quellen

Hahn, Jan Hauke (2020)

„Systemische Beratung in der Ausstiegs- und Distanzierungsberatung". BOD-Verlag. Norderstedt.

Marks, Dr. Stephan (2015)

„Scham – die tabuisierte Emotion." Patmos-Verlag. Ostfildern.

Marks, Dr. Stephan (2022)

Mitschriften des Autors aus der Fortbildung „Menschenwürde und Scham" vom HISW, dem Hamburger Institut für systemische Weiterbildung am 5. und 6.12. 2022

Omer, Haim/Arist von Schlippe (2016)

„Autorität durch Beziehung. Die Praxis des gewaltlosen Widerstandes in der Erziehung." V+R. Göttingen.

Rosenberg, Marshall B. (2009)

„Gewaltfreie Kommunikation – Eine Sprache des Lebens." Junfermann. Paderborn.

Von Schlippe, Arist/Jochen Schweitzer (2016)

„Lehrbuch der systemischen Therapie und Beratung I. Das Grundlagenwissen." V+R. Göttingen.

Weitere Titel von Jan Hauke Hahn

Systemische Beratung in der Ausstiegs- und Distanzierungsberatung

Eine Möglichkeit, der Thematik Rechtsextremismus zu begegnen, ist die Beratung von Menschen, die sich entschieden haben einen Weg heraus aus rechten Strukturen zu suchen oder deren rechtes Weltbild ins Schwanken geraten ist. Eine mögliche Herangehensweise bietet die Systemische Beratung.

Dieses Buch beleuchtet Ausstiegs- und Distanzierungsbegleitung mithilfe der Systemischen Beratung. Im Fokus steht die Frage: Welche Möglichkeiten bietet Systemische Beratung in der Ausstiegs- und Distanzierungsbegleitung? Es wird erläutert, welche Potentiale in spezifischen Methoden der Systemischen Beratung in Bezug auf die Arbeit mit ausstiegswilligen Menschen, die sich aus rechten Strukturen lösen – oder nicht weiter annähern wollen – stecken. Zum Einen werden spezifische Methoden die in der Systemischen Beratung Verwendung finden auf ihre Potentiale hin beleuchtet; zum Anderen wird geschaut, inwiefern eine systemisch-konstruktivistische Haltung hilfreich in der Arbeit mit Klient_innen mit rechtsextremen Hintergrund sein kann.

Erhältlich als eBook und Paperback in allen Buchhandlungen.

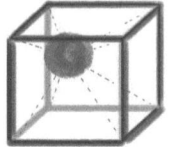

Jan Hauke Hahn

Sprüchekarten-Set

80 Karten mit Sprüchen und Aphorismen für Beratung, Coaching und Supervision

Eigene Lösungen finden mit Sprüchen und Aphorismen

Jeder kennt sie – die kleinen Weisheiten des Alltages, die berühmten Filmzitate oder die Zeile in einem Lied, die nachdenklich macht. Alle diese Sprüche haben etwas gemeinsam: Sie treffen auf alle Menschen zu. Doch jeder hat dazu eigenen Gedanken und versteht den Spruch anders.

Mithilfe populärer Sprüche aus Film, Musik, Wirtschaft, Philosophie, Politik, Sport und Kultur können spannende Perspektiven eröffnet, neue Lösungswege entstehen und persönliche Ressourcen ausgeschöpft werden. Mal auf ernshafte Weise, mal mit einem humorvollen Augenzwinkern – Aphorismen sind eine kreative Methode für Beratung, Coaching und Supervision.

Mit Kurzanleitung für die methodische Umsetzung.

Demnächst erhältlich unter: www.*janhaukehahn*.de

Science Fiction in der Beratung

Systemisch-kreative Methoden für Beratung, Coaching und Supervision

Dieses Buch richtet sich an alle, die in Beratung, Coaching und Supervision nach modernen und spannenden Methoden suchen.

In kurzen Kapiteln bietet es schnell umsetzbare Tools für die praktische Arbeit, ergänzt durch begleitende Fragen und Beispiele aus der Praxis.

Es ist eine Einladung zum Ausprobieren und Experimentieren, um Beratungsgespräche erfrischend zu gestalten und zu einem Erlebnis werden zu lassen – eine Erweiterung für den systemischen Methodenkoffer.

Inklusive Kopiervorlagen.

Beratung . Coaching . Supervision . Teamprozesse

Nehmen Sie gerne Kontakt über die Website auf:

www.janhaukehahn.de

Ich freue mich auf Sie!